MI VIDA CON FIBROMIALGIA Y OTRAS ENFERMEDADES CRÓNICAS

ExLibric

LUZ DE MARÍA

MI VIDA CON FIBROMIALGIA Y OTRAS ENFERMEDADES CRÓNICAS

EXLIBRIC

ANTEQUERA 2023

MI VIDA CON FIBROMIALGIA Y OTRAS ENFERMEDADES CRÓNICAS
© Luz de María
Diseño de portada: Dpto. de Diseño Gráfico Exlibric

Iª edición

© ExLibric, 2023.

Editado por: ExLibric
c/ Cueva de Viera, 2, Local 3
Centro Negocios CADI
29200 Antequera (Málaga)
Teléfono: 952 70 60 04
Fax: 952 84 55 03
Correo electrónico: exlibric@exlibric.com
Internet: www.exlibric.com

ISBN: 978-84-19827-02-9
Depósito Legal: MA 520-2023

Nota de la editorial: ExLibric pertenece a Innovación y Cualificación S. L.

LUZ DE MARÍA

MI VIDA CON FIBROMIALGIA Y OTRAS ENFERMEDADES CRÓNICAS

Llevo tiempo retrasando este momento, por pudor, por miedo a no ser comprendida o, simplemente, porque no sé si lo que voy a contar puede ayudar a alguien que esté pasando por la misma situación. En cualquier caso, hay algo dentro de mí que necesita salir fuera; palabras, sentimientos que me ahogan en determinados momentos de mi vida y debo sacarlos, expulsarlos, como si haciendo eso se acabara el sufrimiento.

Quedan semanas para que finalice el año y, aunque no quiera pensarlo, es otro año más que se va y yo sigo estancada en un paréntesis de dolor, fatiga y diversos síntomas que me provoca la fibromialgia/fatiga crónica.

Este ha sido un año complicado. Complicados han sido los últimos ocho años, pero durante este mi estado anímico me ha volteado más que ningún otro. He sentido pavor al no encontrar fuerza alguna dentro de mí para poder levantarme cada mañana y lidiar con mis pocas responsabilidades diarias. Algo tan simple, como ducharme, hacer la cama o desayunar, me parecía un esfuerzo gigantesco al que no podía enfrentarme.

Es domingo y hace sol. Miro por la ventana, el sol ilumina mi estancia y decido escribir. Mientras lo hago, intento recordar las cosas que he hecho durante estos meses. Mi mente me traiciona y por un momento pienso en lo que no he podido hacer, pero enseguida cambio el chip. ¿Cuándo aprendí a hacerlo? No lo recuerdo, pero lo hice.

Vuelvo a pensar en todo lo que he hecho y es mucho para como he estado. Me siento satisfecha, aunque, recordándolo, aparecen también el esfuerzo, el sufrimiento y los síntomas que acompañan a cada una de las actividades que hacemos, y eso desdibuja un poco la satisfacción de lo logrado.

El sol es vida. Así es, este momento de calidez me ayuda a creer que estoy haciendo lo correcto. Tengo algunos apuntes. Empecé a escribir hace dos años; quizá tres, no recuerdo.

La idea de escribir un libro no fue mía. Alguien me lo comentó. Me gusta plasmar lo que siento y cómo lo siento, pero escribir un libro es otra cosa; no tengo ni idea de cómo se escribe, así que, tal como fui escribiendo en los momentos de lucidez, quedaron escritas mis palabras, sin orden, capítulos ni estructura. Porque si lo pienso bien, así es mi vida, una improvisación a cada momento debido a cómo está mi nivel de dolor, fatiga o estado anímico. Debo parar y descansar un ratito. De repente, mi mente se fatiga y todo lo que quería escribir se emborrona.

Al principio, cuando tenía estos parones mentales, me angustiaba; me daba terror perder la memoria, o que tuviera algo grave en mi cerebro. Lo peor era que daba por perdido lo que estaba haciendo en ese momento. Con el tiempo te das cuenta de que son pasajeros, que a veces duran unos minutos; otros, horas y, algunos, hasta un día.

Curiosamente, el sol se fue cuando me dio ese parón de fatiga y, ahora que vuelvo a escribir, salió otra vez. Sería una señal de que debo seguir escribiendo. El párrafo que sigue lo escribí cuando la idea del libro se materializó en mi mente.

¿Cómo plasmar en palabras una vida rota por el dolor? No se puede, no hay palabras suficientes para hacer partícipe a los demás de tu desesperación, tu impotencia y tu frustración.

Nunca me propuse escribir un libro. Me lo pidieron. Lo pensé. Puede ser algo bueno, puede ayudar a entender lo que es vivir con fibromialgia/fatiga crónica. Lo intenté muchas veces, pero me bloqueaban los recuerdos, las pérdidas, los sacrificios, la falta de empatía, las lágrimas derramadas, el dolor de una vida estancada…

¿Cómo describir la fibromialgia? *Maldita* es la palabra que mejor la define; se apodera de tu cuerpo y de tu mente, sin descanso, poco a poco, sumando síntomas, provocando crisis cortas, largas, que te agotan física y psicológicamente.

Con el tiempo tu vida gira alrededor de la fibromialgia. Podré o no podré hacer esto o lo otro; no lo sabemos, no puedes hacer planes, porque es impredecible. Y son tantas las veces que perdiste la cuenta, que ya lo esperas; no te sorprendes, ni siquiera recuerdas el último día que te sentiste bien.

¿Dónde quedó esa mujer alegre, activa, con ilusiones, proyectos y esperanzas? La busco y rebusco; sé que está dentro de mí, pero no la encuentro; el dolor la enterró y la que veo no la reconozco, no me gusta, no me identifico con ella.

He escuchado tantas veces la palabra *aceptación* que la borraría del diccionario. ¿Aceptas? No. ¿Te conformas? Tampoco. ¿Lo soportas? Sí, porque en el fondo amas la vida y no quieres que te gane la batalla. Y así es como definiría mi vida: una batalla continua por sobrevivir. Sobrevivir al dolor, la fatiga, la niebla mental, la depresión, los trastornos cognitivos, el insomnio y a tantos síntomas que se asocian a la fibromialgia.

Me cansa; me enfada cuando dudan de ti, cuando te tachan de negativa o de depresiva. Qué sabrán ellos de la energía que dispongo para sobrellevar mi día a día, mis responsabilidades, mis obligaciones… Qué sabrán ellos lo que es funcionar a medio gas.

¿Me afecta? Sí. ¿Me desestabiliza? No. Cuando entiendes que en esta lucha solo te tienes a ti, te endureces, te aíslas de lo que te daña, te encierras en tu mundo, viendo como fuera la vida sigue sin ti.

Releyéndolo me produce dolor. Es tan real esa impotencia, rabia, frustración que te genera la condición en la que vives, que es muy difícil aceptarlo completamente.

Cuando leía; la aceptación es un proceso largo. Pasas por distintas etapas: rabia, duelo y aceptación. Yo no sé por cuántas he pasado; no caigo ahora, el dolor bloquea los recuerdos.

Cuando escribí ese párrafo, soportaba lo que me había tocado vivir, porque en el fondo tenía la esperanza de un cambio, una mejoría; me negaba a mí misma aceptar que no había una cura, un remedio a lo que vivía.

Ahora sé que no hay cura, ni un tratamiento que alivie esta enfermedad para volver a tener la vida que teníamos antes del diagnóstico. ¿Lo he aceptado? Si aceptarlo es dejar de torturarme buscando por qué tengo esta enfermedad, dejar de ir de médico en médico en busca de un tratamiento milagroso y darle a mi cuerpo y a mi mente lo que le hace bien, sí, lo he aceptado.

Cuando hablo del dolor emocional que nos provocan las palabras «eres negativa», «estás depresiva»; ahí es donde mi corazón se sigue rompiendo por lo injusto que es que te tachen de algo que no eres.

Puede que a ojos de los demás lo parezcamos, pero si esas personas vivieran con dolor, fatiga, insomnio y otros síntomas asociados a la fibromialgia/fatiga crónica cada día de su vida, entenderían la ausencia de alegría, motivación e ilusión por las cosas y por el futuro.

Ni negativas ni depresivas: realistas y valientes, porque no solamente debemos lidiar con la enfermedad, sino también con la incomprensión.

Hacía frío y me levanté dolorida. Un día más por delante en el que tendré que priorizar lo que es imprescindible. Me cuesta muchísimo adaptarme al cambio de horario de invierno: me duermo más tarde, me levanto más tarde, desayuno y como más tarde… y así con todo. A las seis de la tarde anochece y, lo que no haya hecho por la mañana, ya se queda para otro día o en la lista de pendientes.

He ido a la farmacia a buscar la medicación. Es una farmacia de barrio donde todos nos conocemos; es agradable que te pregunten cómo estás y te den conversación. Me recuerda a mi primer trabajo. Me encantaba trabajar en una farmacia, tenía 16 años y fue una época muy bonita en la que aprendí muchas cosas sobre los medicamentos. Después trabajé también en una distribuidora farmacéutica hasta los 21 años que me casé con el padre de mis hijos.

Hacía años que no tomaba antidepresivos, pero este año mi estado anímico me ha ganado la batalla y aquí estoy tomándolos. Tengo intolerancia a ciertos medicamentos y es complicado dar con uno que funcione.

Voy a seguir con mis apuntes. Dejé de ponerme retos, porque cuando no podía cumplirlos me hundía más, pero si quiero acabar este libro, siento que debo hacerlo.

Este párrafo que sigue es el segundo que escribí, y puede que sea uno de los más dolorosos por la situación en la que vivía.

Cuando el diagnóstico de la fibromialgia llega a tu vida, llevas muchos años padeciendo síntomas que se asocian a otras enfermedades y que son similares a los de la fibromialgia. No sabes qué fue primero, si la fibromialgia o las otras enfermedades que padeces.

Le he dado muchas vueltas y, sinceramente, creo que la fibromialgia la llevaba dentro de mí mucho antes del diagnóstico del lupus y el síndrome de Sjögren.

Recuerdo que siendo niña me fatigaba, el camino a la escuela se me hacía cada día más largo, no tenía apetito, tenía muchísima ansiedad y no me concentraba en los estudios. Mi madre me llevaba al médico sin ningún diagnóstico y me daban suplementos vitamínicos porque no tenía apetito.

En la adolescencia y con los mismos síntomas, el médico decía que eran las hormonas. Esta época la recuerdo con un profundo dolor emocional y una falta de comprensión y apoyo que me llevó a padecer mi primera depresión, pero aun así, después de acabar los estudios primarios, me saqué el título de Secretariado y un curso de puericultura. Durante años viví con una ansiedad constante en un entorno que no entendía lo que me pasaba y en el que me sentía al borde del abismo.

Cuando me quedé embarazada, mis síntomas se estabilizaron y, aunque en el último mes tuve que hacer reposo para que el parto no se adelantara, me encontraba bien: no tenía ansiedad, había recuperado peso y estaba feliz.

Con mi segundo embarazo la cosa se complicó, me diagnosticaron toxoplasmosis y lo pasé muy mal, no solo por los dolores articulares y la fatiga, sino también por el miedo a que le pasara algo al bebé.

Fueron meses de muchísima angustia y estrés, mi estado anímico no era el mismo que en el primer embarazo, pero el bebe nació bien, sin ninguna secuela de la toxoplasmosis, y esto me tranquilizó. Fui recuperándome poco a poco, aunque la fatiga, los dolores articulares y los episodios de ansiedad continuaron.

Mientras mis hijos eran pequeños, hacía trabajos en casa y después en una guardería que estaba cerca del colegio de mis hijos. Los dejaba por la mañana y me iba al trabajo; por la tarde los recogía, hacíamos la compra, dábamos un paseo y volvíamos a casa.

Fue una época muy feliz. El trabajo me llenaba, los niños siempre han sido mi debilidad; además, podía compaginar mi trabajo con la crianza de mis hijos.

Seguí visitando médicos sin que ninguno me diera un diagnóstico certero. «Depresión», decían algunos, pero yo no creía que tuviera depresión, sino que sentía que había algo dentro de mí que me provocaba aquellos síntomas.

No fue hasta al cabo de unos años, en una visita al hospital donde estaba ingresado mi padre, que tuve una lipotimia y me hicieron todo tipo de pruebas. El diagnóstico fue lupus eritematoso sistémico y síndrome de Sjögren.

Por fin tenía un diagnóstico, que ayudaría a confirmar que lo que sentía era real. Con el diagnóstico del lupus y el síndrome de Sjögren mi vida no cambió en absoluto, ya que son enfermedades desconocidas para la mayoría. Las personas de tu entorno saben que estás enferma, pero te ven físicamente bien y no comprenden que estés cansada o que te duelan las articulaciones al menor esfuerzo. Tampoco entienden los cambios en tu estado anímico.

A veces pueden llegar a ser crueles contigo: comentarios, silencios, indiferencia y falta de apoyo y comprensión que te van rompiendo el corazón a pedazos.

El trabajo, el cuidado de mis hijos, la casa… Era un reto que me dejaba totalmente agotada y al que yo me enfrentaba a diario porque no tenía otra opción.

Sufres muchísimo porque quieres hacer más y no puedes, piensas que no haces lo suficiente y cualquier contratiempo que pase te culpas por ello y te va minando la autoestima.

Nunca comenté en mi trabajo mis enfermedades; tenía miedo de que me echaran y me esforzaba al máximo para que no sospecharan nada.

Durante muchos años me sentí incapaz de luchar contra esa incomprensión y falta de empatía, porque sabía de antemano que por mucho que me esforzara, mi cuerpo o mi mente fallarían en algún momento y perderían otra vez la batalla.

Mis hijos fueron el motor que me dio la fuerza para resistir y, aun cuando las cosas se ponían en mi contra, yo seguía creyendo que todo iba a estar bien en algún momento.

Está lloviendo. Me duele todo, he desayunado y sigo sentada esperando a que mi cuerpo reaccione a qué debo hacer. No tengo ganas de nada. Me iría a la cama otra vez, pero no lo haré; tengo que aguantar como pueda. Me tomaré un analgésico, que a veces ayuda y otras no.

Ayer descongelé carne picada para hacer macarrones y debo hacerlos. Si no, se pondrá mala la carne, así que voy a ponerme a ello.

Preparar el sofrito es… No encuentro la palabra. La niebla mental en días lluviosos está presente. Picar la cebolla, rallar el tomate (a mí me gusta hacerlo con tomate natural, no de bote), es un suplicio; ahora aparece la palabra que buscaba. Me duele la mano, el brazo, el hombro y las piernas me tiemblan. Debo sentarme.

Al fin, después de un buen rato, los macarrones están listos y, al menos, siento que gane yo. Vaya tontería, pero es así. Cada cosa que consigues hacer estando mal es como una batalla ganada.

He leído el párrafo segundo que escribí en su momento. ¡Cuánto dolor y desesperación hay en algunas líneas! Soy incapaz de describir cómo fueron esos años. Yo luchaba por salir adelante, por ser una buena madre, por hacer bien mi trabajo, pero eso no bastaba; era el principio del fin.

Me quedo con los momentos que pasé con mis hijos, los tuve en casa hasta que fueron a la escuela. Disfruté de ellos. Me quedo con todas las cosas que hacíamos después del colegio: deberes, juegos… Fue la época más feliz de mi vida.

Quería seguir escribiendo pero no pude; es doloroso revivir circunstancias de tu vida en las que sufriste demasiado, las emociones te derrumban otra vez. Dejé pasar unos días y aquí estoy de nuevo para enfrentarme a mis apuntes, a mi pasado.

He leído que algunas de las causas que podrían desarrollar la fibromialgia/fatiga crónica son: un sufrimiento emocional alargado en el tiempo o padecer una enfermedad autoinmune o una enfermedad vírica, como el virus de Epstein-Barr o la toxoplasmosis, entre otras.

En mi caso, tengo tres. En mi segundo embarazo, el ginecólogo me diagnosticó toxoplasmosis y tuve que tomar tratamiento, que pudo debilitar mi sistema inmunitario. A partir de entonces, los dolores y la fatiga nunca desaparecieron.

A los nueve meses de nacer mi segundo hijo me volví a quedar embarazada de un bebé que no llegó a nacer: tuve un aborto espontáneo a los tres meses y medio.

Es un episodio de mi vida que me ha costado contarlo, se quedó atrapado ahí durante muchos años hasta que fui consciente del dolor que me provocaba. Nunca supe cuál fue la causa porque las pruebas médicas que me hicieron a mí y al feto estaban bien. Solamente puedo decir que pasó antes del diagnóstico del lupus y el síndrome de Sjögren.

El siguiente párrafo que escribí, describe algunos acontecimientos que marcarían mi vida y la de mis hijos.

Un cambio de residencia a otra ciudad para intentar salvar mi matrimonio, la separación matrimonial al cabo de un año, mi trabajo en hostelería, que era más agotador que los que tuve anteriormente; los problemas con la separación y la ausencia de mi hijo, que quiso vivir en casa de su padre, hicieron mella en mi estabilidad emocional.

Perdí el rumbo de mi vida, echaba de menos a mi hijo, aunque lo tenía cada quince días los fines de semana y, el que no me tocaba, iba a verlo y a pasar un rato con él. A mi hija adolescente le afectó muchísimo el estar alejada de su hermano y el siguiente curso hizo los estudios fuera de la ciudad. La veía solo los fines de semana. Mis dolores empeoraron, no conseguía dormir bien, me sentía agotada, sin fuerzas.

Seguía con mis controles médicos en el hospital por el lupus y el síndrome de Sjögren, pero para el seguimiento de mis síntomas tenía que ir con mi doctora de cabecera, que me ayudó muchísimo.

Me derivó al psiquiatra, que me diagnosticó distimia. Salí de la consulta con un tratamiento y sesiones de terapia psicológica.

No pude seguir con la terapia psicológica; hablar de cómo me sentía, me ponía más triste y deprimida. Cuando estaban mis hijos conmigo recuperaba las fuerzas, la ilusión, pero cuando me quedaba sola, mi mundo se derrumbaba.

No fui consciente, hasta años más tarde, de cómo mi situación personal había afectado a mis hijos. Fueron unos años en los que viví sin vivir, dejándome arrastrar por los acontecimientos, sin ser capaz de gritar, de frenar todo lo que estaba sucediéndome.

Mi hija terminó los estudios y empezó a trabajar. Volvía a tenerla en casa cada día. Al poco tiempo, también mi hijo volvió a casa y estábamos otra vez los tres juntos. Estaba muy feliz, con más fuerza y mi estado de ánimo mejoró muchísimo.

Seguía trabajando en hostelería, aunque cada vez me costaba más seguir el ritmo de mis compañeros. Me agotaba enseguida y, por la noche, estaba tan dolorida y cansada que no conseguía dormirme. Mis síntomas empeoraron: la ansiedad aumentó, perdí peso y empecé con episodios de pánico y taquicardias. Me asusté y pedí cita con el internista del hospital, me pidió una analítica y en unas semanas tenía otro diagnóstico: hipertiroidismo.

Trabajaba de camarera y tuve que dejarlo porque no podía sostener la bandeja; me causaba dolor y mareo y no tenía fuerza para cargar la máquina de café. Aguanté todo lo que pude y más, pero un día mi cuerpo dijo «basta». Fue entonces cuando me encontré cara a cara con la incomprensión de la empresa y de la mayoría de personas de mi entorno. Sentía que no podía más, no encontraba consuelo en nada ni en nadie y creía que iba a volverme loca.

Hay días como hoy en que la fatiga te impide hasta pensar o recordar. La fatiga mental es peor que la fatiga física. Sé lo que quiero escribir y no encuentro las palabras adecuadas. Es horroroso.

Lo que quería decir es que si la fatiga es física puedes distraerte leyendo, viendo series, etc., pero cuando es mental, no puedes hacer nada porque aunque tu nivel de dolor y cansancio sea tolerable, empiezas algo y, al tener la mente dispersa, te vas a otra cosa, y así todo el tiempo. Al final lo dejas todo y descansas.

Yo a esos días los llamaba *días perdidos*. Al principio, y durante mucho tiempo, me sentía muy desdichada por ello. Entonces me di cuenta de que había cosas que hacemos sin pensar, hábitos que tenemos adquiridos desde siempre, y que esto sí podía hacerlo.

Mantener una rutina simple en los días de crisis ayuda a no sentirte tan mal anímicamente. Recuerdo que mis primeras crisis eran catastróficas, no por los síntomas en sí, que lo son, sino porque dejaba de hacer todo; a veces ni comía y, cuando la crisis pasaba, remontar y coger el ritmo era superior a mí y caía otra vez en una tristeza infinita. Lo peor es que podía volver otra crisis y no haber remontado de la anterior.

Sale el sol después de una mañana nublada, literalmente este sol otoñal es mi aliado, me da energía y disipa mis tristezas.

Releo el párrafo anterior y pienso que es doloroso desnudarte así, pero alivia el alma. En él describo circunstancias que afectaron a mi vida y a la de mis hijos.

Después de la separación de mi exmarido empecé a trabajar en la hostelería. Era el único trabajo que pude encontrar para seguir cotizando en la Seguridad Social y tener el seguro médico, tanto yo como mis hijos. Trabajé en distintos sitios, tanto hoteles como restaurantes, pero las temporadas de verano eran cada vez más cortas y yo necesitaba el dinero.

Fueron años muy difíciles, pero era joven y quería salir adelante, así que lo intenté de todas las maneras. Mi cuerpo cada vez estaba más fatigado; tenía cuatro o cinco meses entre temporada y temporada para reponerme.

Me saque un título de informática, colaboré en una asociación de vecinos y formé parte de la presidencia de una asociación de mujeres de mi ciudad. Estar ocupada cuando no trabajaba me ayudaba a desconectar de la realidad. Luché hasta agotar mi energía en mi último trabajo, pero lo más doloroso para mí fue el sufrimiento de mis hijos; me sentía culpable por no poder darles más, por no poder cambiar las circunstancias que vivíamos.

El médico me dio un tratamiento para equilibrar los niveles de la tiroides, pero no funcionaba. No tenía apetito, dormía mal y tenía muchísima ansiedad y ataques de pánico. Otro síntoma que se sumó a los que ya tenía fue la niebla mental. La primera vez que tuve un episodio agudo de neblina fue horrible. Salía de una tienda y, por un instante, me quedé en blanco y no reconocía la calle por la que tenía que ir. No hay palabras para describir esa sensación de pérdida de control.

Cuando reconocí la calle, mi corazón empezó a latir sin control. En ese momento se acercó una persona a preguntarme si estaba bien y, mientras estaba hablando con ella, me fui tranquilizando y pude regresar a casa. Aquel episodio desató en mí un miedo horrible a que me volviera a pasar. Cuando notaba que mi mente estaba confusa, evitaba salir de casa; creía que tenía un problema en mi cabeza y que podía pasarme algo grave.

La niebla mental no son olvidos ni descuidos; ni siquiera falta de atención, sino que la mente se queda bloqueada, nublada. Si estás en medio de una conversación es más frustrante aún; puedes oír lo que hablan, pero no llegas a procesarlo, o puedes estar conversando y, de repente, no encuentras las palabras que quieres decir y te quedas ahí, paralizada, esperando a que aparezcan.

Lo peor es que los demás no entienden lo que te está pasando y tú intentas disimular, pero la angustia se va apoderando de ti. Hay varias enfermedades que comparten este síntoma, entre ellas la fibromialgia, el lupus, el síndrome de fatiga crónica y el hipotiroidismo.

En una visita de control con mi médico internista le comenté lo que me había pasado y él me dijo que cuando los niveles de tiroides estuvieran equilibrados, mejoraría.

Pero la mejoría no llegaba; los ataques de pánico me daban de repente, sin motivo aparente. En casa los controlaba bastante bien, pero en la calle no. Las taquicardias, la sensación de pérdida de control, el miedo a morir… Era horrible. Recuerdo una vez que me dio un episodio regresando a casa, no me veía capaz de seguir caminando. La desesperación me hizo parar un coche y pedirle que me llevara a casa.

La primera vez que logré controlar un ataque de pánico fue muy *heavy*. Estaba conduciendo y aún faltaban unos kilómetros para llegar a casa, no podía pararme en medio de la carretera y la gasolinera estaba lejos; tenía que seguir. Hacía respiraciones y, al mismo tiempo, me decía a mí misma que conseguiría llegar a una gasolinera. Cuando llegué a la gasolinera, me di cuenta de que lo estaba controlando. Faltaba poco para llegar a casa, así que seguí.

Al cabo de ocho meses de tratamiento sin mejoría alguna, el médico decidió hacerme terapia con yodo radioactivo. Me quedé hipotiroidea y, desde entonces, tomo levotiroxina cada mañana. Fueron unos meses muy dolorosos, angustiantes; no encuentro palabra alguna para describirlos. Sentía que no controlaba mi mente, pero mi cuerpo tampoco. Se me disparaba el corazón de repente, taquicardias que me provocaban episodios de pánico; y mi mente sobreexcitada, pensaba en mil cosas y no retenía ninguna.

Pasaron ocho o nueve meses, no recuerdo exactamente, hasta que decidieron hacerme la terapia con yodo radioactivo. Toda esta situación me sumió en una profunda depresión. Depresión que venía arrastrando desde hacía años y, aunque remontara en mis recaídas, con cualquier circunstancia que me ocurriera volvía a resurgir.

Pero esta vez fue la peor que he tenido hasta ahora. No podía trabajar. Era joven, y aceptar que tu vida laboral había terminado, que tus sueños se habían estancado, que tu salud a partir de ese momento sería tu prioridad, que tanta lucha se había quedado en nada, me hundió completamente.

Después de la terapia con yodo radioactivo empecé a recuperarme poco a poco. Mis niveles de tiroides se estabilizaron con la toma diaria de la levotiroxina, gané peso, las taquicardias desaparecieron y dormía mejor; pero la ansiedad y la neblina mental, aunque mejoraron, fueron síntomas que tuve que sumar a los que ya padecía.

Recuperé el ánimo y la ilusión por seguir adelante. Intenté rehacer mi vida con mi primer amor. Nos volvimos a encontrar después de muchos años y, aunque los sentimientos eran los mismos de antes, nosotros no; nuestras vidas eran distintas. Luché por ese amor durante tres años, pero no pudo ser. Ahí me di cuenta de que no solo había perdido mi vida laboral, sino también la vida en pareja.

Fue duro, sí, pero coincidí con una compañera de trabajo que hacía tiempo que no veía y me pidió si podía cuidarle unas horas a su bebé mientras ella trabajaba. Tener a ese bebé unas horas cada día me devolvió la alegría y la motivación, y su mamá y yo nos hicimos muy amigas; amistad que seguimos teniendo hoy en día. Esos años fueron especiales en mi vida. Además de sentirme útil, el cariño que me daba ese niño me alegraba el corazón.

Quise sacarme un título de inglés, pero no pude. Mi falta de concentración y mi memoria me perjudicaban, me sentía fatal y lo dejé, pero hice amistades. Íbamos al baile cada fin de semana; desde pequeña me ha gustado muchísimo. Bailar me desconectaba de mi realidad.

¡Qué años más felices! El ritual de arreglarme, maquillarme, ir al baile y bailar; hasta que la fibromialgia vino a quitarme lo poco que me hacía feliz.

Los síntomas que yo padecía por mis otras enfermedades autoinmunes no remitían con el tratamiento que estaba tomando: dolores articulares, cansancio, niebla mental, ansiedad y episodios depresivos; pero en las analíticas, los niveles de mis enfermedades autoinmunes salían estables, y el diagnóstico era depresión o consecuencia de la premenopausia.

No puedo decir con certeza en qué momento todos los síntomas empeoraron. Solo recuerdo que tenía problemas digestivos, hinchazón, molestias y dolor de estómago; síntomas que no había tenido hasta entonces.

Mi doctora de cabecera me derivó a la digestóloga y, después de unas pruebas, salí de la consulta con un diagnóstico del síndrome del colon irritable y una derivación a la reumatóloga.

En la visita a la reumatóloga, me hicieron un examen físico de los puntos gatillo y una analítica para descartar artritis reumatoide. La fibromialgia se sumó a mi lista de enfermedades crónicas.

No era un síntoma, ni dos, ni tres; no me dio tregua, fue como un tsunami. De repente, me vi atrapada en un montón de síntomas nuevos que alteraron mi vida, convirtiéndome en una persona inestable, vulnerable. Sufría ataques de pánico, tenía problemas para dormir y me sentía fatigada constantemente y sin fuerzas para nada. La memoria y la concentración me fallaban, la niebla mental me angustiaba y los dolores articulares eran terribles. Tuve episodios de costocondritis y de colon irritable, falta de equilibrio y mareos, que me llevaron varias veces de urgencias al hospital. Estaba tan asustada que pensé que iba a morirme; no encontraba consuelo a todo lo que me estaba pasando.

Toda esa fuerza que creía tener, no la tenía. ¿Cómo podía gestionar tantos síntomas a la vez? Me sentía perdida, no sabía cómo sobrellevar todo lo que estaba viviendo.

Es durísimo levantarte cada día con rigidez y entumecimiento, agotada como si te hubieras pasado la noche corriendo una maratón, y necesitar un tiempo para que tu cuerpo y tu mente empiecen a funcionar.

Es angustiante cuando tienes un episodio de niebla mental y sientes como si tu cerebro se apagara; no encuentras las palabras adecuadas y no consigues pensar con claridad, o cuando llega la noche y tu cuerpo te pide dormir y no puedes conciliar el sueño.

Es triste cuando sientes que tu energía se agota al cabo de tres o cuatro horas y el resto del día ya no sirves para nada más.

Es desesperante cuando caminas por la calle, tus piernas flaquean y el camino a casa se vuelve interminable, o cuando sin ningún motivo aparente pasas de estar medio bien a encontrarte peor.

Solo mi familia y algunas amistades conocían mis otras enfermedades, pero ahora sentía la necesidad de contarlo, de encontrar un poco de comprensión para aliviar mi dolor. Pocas personas escuchan y, la mayoría de las que lo hacen, te das cuenta de que no te comprenden. Es una sensación horrorosa.

Pasé por sentimientos de rabia porque no quería estar así, de impotencia porque no podía cambiar lo que estaba viviendo y de frustración porque mi vida se rompía en mil pedazos y no sabía cómo vivir con lo poco que me quedaba.

Necesité mucho tiempo para llorar, enfadarme, castigarme, compadecerme, dejarme caer para levantarme poco a poco... pero ya no era la misma persona: dejaron de importarme cosas y, las que me importaban, no podía hacerlas.

Perdí la capacidad de ilusionarme, de reírme, de emocionarme; me quedé vacía por dentro. En una noche de desvelo y desesperación se me ocurrió crear una página en Facebook: «Blog de fibromialgia».

Sentía la necesidad de contarle al mundo todo lo que estaba viviendo. Al principio me costaba expresar mis sentimientos, pero poco a poco, me fui soltando. Empecé a tener seguidoras que se veían reflejadas en lo que publicaba; no estaba loca. Al contrario, había muchas personas como yo que padecían fibromialgia y se sentían solas e incomprendidas.

El blog me ayudó muchísimo y me dio la fuerza y motivación para buscar información sobre la enfermedad. Los testimonios de otras personas me ayudaron a comprender síntomas que yo padecía y a sentirme acompañada en los momentos de crisis, pero, sobre todo, a tener más confianza en mí misma.

Es muy importante saber que no estás sola, que hay muchísimas personas que sufren y padecen los mismos síntomas que tú.

Cinco días con un resfriado, más bien un catarro con mucosidad, ojos llorosos, dolor de cabeza, fatiga… y aún no estoy recuperada. Con fibromialgia tardas más tiempo en recuperarte de una enfermedad común, ya sea un resfriado, una gripe o un episodio de lumbago.

Pasan los días, los meses, y se te escapa la vida entre los brotes y las dolencias comunes que te obligan a limitar tus actividades. A veces me da por pensar la de cosas que podría haber hecho en estos últimos ocho años si no tuviera fibromialgia/fatiga crónica.

Bueno, dejo atrás estos pensamientos y me concentro en lo que escribí en el siguiente párrafo en su momento.

El primer síntoma que noté después de unos años en que pude hacer una vida más o menos normal fue un aumento de la fatiga, y fue precisamente en algo que yo amaba muchísimo: el baile.

Recuerdo que me encantaba bailar al ritmo de la música y conversar con mis amistades; me sentía feliz, pero un día noté que me fatigaba cuando bailaba, que las luces y la música me molestaban. No entendía lo que me estaba pasando.

Me sentía tan desdichada que dejé de salir con mis amigas. Aquello fue el principio de mi aislamiento social sin yo saberlo aún.

Los síntomas que padecía por mis enfermedades autoinmunes aumentaron, pero mis analíticas salían estables y yo me encontraba cada vez peor y esa incertidumbre me consumía. Estaba pasando por la premenopausia y quería creer que era el motivo de mi empeoramiento, pero en el fondo intuía que no podía ser solo la premenopausia.

Me diagnosticaron primero el síndrome del colon irritable y, poco tiempo después, la fibromialgia. Los dos diagnósticos coincidieron con la enfermedad de mi padre y no pude pararme a pensar en lo que me estaba pasando. La responsabilidad y la preocupación por mi padre eran prioritarios.

Mis padres vivían en otra ciudad. Yo no tengo hermanos, y por mis enfermedades autoinmunes no podía quedarme con ellos y ayudar a mi madre con el cuidado de mi padre.

Cada semana viajaba a ver a mis padres, los llamaba a diario, gestionaba todo lo referente a médicos, ayudas, etc. Fueron dos años de mucho estrés y sufrimiento en que mis síntomas empeoraron, pero no podía hacer nada por mí, las circunstancias no me lo permitían.

Falleció mi padre primero y, al mes y medio, mi madre. No puedo expresar en palabras lo que viví en esos momentos.

Por el duelo de mis padres, además de mis enfermedades, necesité terapia psicológica durante el primer año. El dolor por la pérdida de mis padres envolvía toda mi realidad, mientras que a los síntomas, aunque estaban ahí, no les prestaba la importancia que tenían.

A los dos años del fallecimiento de mis padres, un brote agudo de fibromialgia me llevó a urgencias varias veces con episodios de costocondritis, síndrome del colon irritable, taquicardias, ansiedad, dolor y fatiga.

En el siguiente control con mi reumatóloga, me diagnosticó la fatiga crónica. La analítica de mis enfermedades autoinmunes estaba mal, los niveles de tiroides estaban alterados y creí que no saldría de esta situación. Tardé dos años en estabilizar mi cuerpo con controles de reumatología, endocrinología y psicoterapia.

Estoy con el cambio de armario. Este año, el frío ha llegado más tarde de lo habitual y aún no lo había hecho. Aprovechando que tengo un poco más de energía, saqué la ropa, puse a lavar la que voy a guardar y las prendas que ya no me pongo, las llevaré a un punto de recogida.

Hay algunas que sigo guardando cada año porque me recuerdan a tiempos en que mis *looks* eran distintos a los de ahora; prendas que me gustaban y con las que me veía guapa.

A veces me digo que tendría que deshacerme de ellas porque al final me pongo triste. La fibromialgia me quitó muchas cosas: algunas de ellas fueron la ropa ajustada, los zapatos de tacón, la bisutería, el maquillaje… Cosas que estaba acostumbrada a ponerme y que formaban parte de mi personalidad.

Pero no lo hago. Las sigo guardando para no olvidarme de cómo era, de lo que sentía en esos momentos. A veces me da la sensación de que siempre he estado como ahora y no es así. Hubo un tiempo en que fui feliz: salía con amigas, íbamos a bailar, me ponía ropa bonita, me maquillaba y tenía una vida más o menos normal.

Tengo poca ropa de cada temporada porque no la necesito: no trabajo, no salgo de fiesta... Solo tengo un par de prendas para una ocasión especial y el resto para diario. Esto me facilita el trabajo a la hora de hacer el cambio de temporada.

Han pasado dos días desde que escribí esto. Necesito un respiro cada vez que escribo sobre mi vida porque revivirlo me angustia y a veces me bloquea. El sol entra por la ventana y mi gato ronronea a mi lado. Sentada en el sofá, me dispongo a releer el siguiente párrafo de la historia de mi vida con fibromialgia y mis otras enfermedades.

El dolor emocional que causa la fibromialgia es indescriptible, es una lucha entre lo que quieres hacer y no puedes. Te va consumiendo poco a poco hasta dejarte vacía de sentimientos. Ya no reaccionas a las cosas que te duelen, las apartas porque te superan. Dejas de creer en recetas mágicas, ya lo intentaste todo. Te cansaste de ir de médico en médico; uno te dice una cosa, otro otra distinta, y te confunden, te agotan, y tú solo deseas tranquilidad y reunir fuerzas para seguir sobreviviendo.

Desde el diagnóstico del lupus he tratado de llevar una dieta sana y equilibrada. Había dejado de comer algunos alimentos, como la bollería, los embutidos, las carnes rojas y los procesados, porque me causaban molestias.

Cuando me diagnosticaron el síndrome del colon irritable, también dejé el azúcar, reduje el consumo de pan, cambié los lácteos enteros por desnatados y el café normal por el descafeinado; solamente lo tomo en el desayuno.

Hace unos cuatro años tuve un desequilibrio en mis niveles de tiroides y lo pasé muy mal con brotes muy fuertes de fibromialgia. La endocrinóloga, aparte de ajustarme la dosis de la levotiroxina, me mandó a una nutricionista, que decidió quitarme el gluten para ver si mis brotes mejoraban.

Seguí la dieta durante tres meses sin ningún resultado. Los brotes seguían igual y volvimos a introducir el gluten en mi dieta diaria. De hecho, ya consumía muy poco desde el diagnóstico del síndrome del colon irritable.

Una dieta sana y equilibrada es muy importante para que el organismo funcione correctamente. El problema que tenemos las personas con fibromialgia/fatiga crónica es que la mayoría de días estamos tan doloridas o cansadas que comemos cualquier cosa y no nos alimentamos bien.

Es muy importante revisar los niveles de nutrientes en una analítica por si fuera necesario un suplemento vitamínico, siempre bajo prescripción médica.

La fibromialgia causa rigidez y contracturas que provocan más dolor. Además, nos movemos poco porque el dolor y el cansancio nos limita. La falta de movilidad debilita los músculos, por lo que los ejercicios de estiramiento suaves y caminar cada día un ratito puede ayudar a fortalecer la musculatura.

Solo quien padece esta enfermedad sabe lo que es sentirse agotado física y mentalmente. Te pesa el cuerpo como si llevaras una gran carga encima, caminas torpemente y te cansas fácilmente. Me encantaba caminar y acercarme a ver el mar. Disfrutaba de la caminata, de ver la vida en movimiento; me ayudaba a calmar mi ansiedad, pero ya no puedo, las piernas me duelen y me canso enseguida.

La mente funciona con lentitud, no puedes concentrarte, tienes dificultad para comprender lo que te están diciendo, para seguir una conversación o recordar el argumento de una película o un libro. Siempre me ha gustado muchísimo leer, pero cuando empecé a tener problemas de concentración sentía tanta frustración que dejé de leer por un tiempo. Sin embargo, lo echaba en falta y seguía comprándome libros de géneros que me gustaban y con menos páginas.

Ahora leo cuando mi mente está más lúcida, aunque después de leer un capítulo no recuerde detalles de lo leído y tenga que volver a releerlo, o con el tiempo olvide el argumento.

De todas las cosas que tuve que dejar o cambiar, lo que más me duele es no poder tener una conversación con más de una o dos personas a la vez. Me canso, me bloqueo, sé lo que quiero decir, pero no encuentro las palabras adecuadas; pierdo el hilo de la conversación y me angustia muchísimo.

«La fibromialgia no es progresiva», dicen. Por supuesto que lo es. Con los años se van sumando síntomas y, teniendo otras enfermedades crónicas, los síntomas se solapan unos con otros. Al principio no sabía si era un síntoma de la fibromialgia, del lupus, del síndrome de Sjögren o del hipotiroidismo, ya que estas enfermedades tienen algunos síntomas similares. Te agobias, te desesperas y llegas a obsesionarte hasta que con el tiempo aprendes a distinguirlos.

Las crisis se vuelven más duraderas, el agotamiento físico y mental que arrastras, cada vez te va limitando más; la fatiga es más severa y necesitas muchas dosis de voluntad para levantarte y enfrentar tu día. Llega un momento en que no puedes hacer las tareas más simples sin que tengas que descansar entre una y otra, y hay días en que no puedes con ninguna. Poder hacer algo tan cotidiano como ducharse a veces puede convertirse en un lujo.

Los dos primeros años del diagnóstico de la fibromialgia fueron muy duros. No podía entender cómo, de repente, podía sentirme tan mal, tan fatigada, y cómo el dolor podía variar de intensidad de un momento a otro.

Siempre había sentido cansancio a causa de mis otras enfermedades, pero la fatiga que sentía ahora nada tenía que ver con el cansancio que había padecido antes.

Es una fatiga que te acompaña cada segundo de tu vida, que la mayoría de días te deja tirada literalmente en la cama, que no desaparece nunca, ni siquiera durmiendo una noche entera. Es un cansancio que pesa como una mochila cargada de plomo, que te obliga a parar cualquier actividad y a descansar; un cansancio que te consume poco a poco y te quita las ganas de todo.

Con el tiempo he aprendido a conocer los síntomas, a no salir corriendo en medio de una crisis de pánico, a escuchar mi cuerpo. Si no me siento bien para realizar cierta actividad, no la hago. También he aprendido a descansar cuando lo necesito sin culparme por ello, a priorizar mis actividades y a dividir las tareas más grandes en actividades más pequeñas y realizarlas a diferentes horas o en diferentes días.

He aprendido a hablarle al médico de mis síntomas con claridad, a saber lo que me alivia y lo que no, a tomar decisiones cuando un tratamiento no me funciona o un profesional médico no se implica lo suficiente, a rodearme solo de las personas que me quieren y me respetan. No es fácil, pero las circunstancias te van enseñando a manejar la enfermedad y a protegerte de lo que es dañino para ti.

La vida de una persona con una enfermedad crónica como la fibromialgia/fatiga crónica es agotadora, no solo por los síntomas que nos limitan en nuestro día a día, sino porque vivir implica responsabilidades, familia, trabajo, amistades, cuidados médicos, etc.

Lamentablemente, nosotras no podemos seguir el ritmo de una persona sana, aunque lo intentemos una y otra vez, nos quedamos fuera del rol que exige la sociedad actual. A los síntomas diarios de nuestra enfermedad le sumamos el sentimiento de frustración, que implica no poder ser ni hacer lo que se nos pide, y es devastador para nuestra autoestima.

Uno de los síntomas que se suma con el paso del tiempo es la depresión, que se acaba convirtiendo en una depresión crónica causada por las limitaciones, la pérdida de ilusión, las motivaciones, el aislamiento por falta de empatía y comprensión, y la impotencia por no ver resultados de mejoría en los tratamientos.

Cuando tuve la depresión, después de todo el proceso de la terapia con yodo radioactivo de la tiroides, me trató un psiquiatra que me ayudó a comprender por qué me sentía así.

La falta de un diagnóstico, la incomprensión del entorno y la falta de apoyo emocional te provocan miedos, inseguridades y, sobre todo, dudas y confusión, que a lo largo de mi vida me han condicionado en diversas circunstancias.

Las palabras del psiquiatra me ayudaron en ese momento, pero el daño ya estaba hecho. No era tan fácil; con cualquier comentario o reproche que me hicieran, volvían las dudas otra vez sobre mi estabilidad psicológica.

Lo intentaba una y otra vez en mis relaciones personales, laborales y sociales, pero los síntomas de la enfermedad me impedían llevar una vida normal, y esa lucha constante por adaptarme a mi entorno y circunstancias me dejaba sin fuerzas, sin ánimo.

Es muy duro ver cómo tienes que dejar atrás ilusiones, sueños y proyectos, tu vida profesional desaparece porque no puedes trabajar, tu vida personal se resiente, pareja, amistades; dejas de relacionarte socialmente, te cuestionas tu papel de madre, te sientes culpable por estar enferma.

Eres consciente de que no puedes dar lo que se espera de ti porque tu enfermedad no te deja. Te desesperas porque tienes miedo de perder a las personas que amas, disimulas con sonrisas tu dolor, tus despistes con excusas, te tragas tu tristeza y luchas día a día por no perder todo aquello que deseas, pero lamentablemente no lo consigues.

Y es entonces cuando la soledad se convierte en un refugio, en una necesidad de no estar justificándote, de no disimular, de no dañarte más, de utilizar la poca energía que tienes en manejar tu enfermedad.

Aprendes cómo manejarla conociendo y asumiendo tus limitaciones, escuchando a tu cuerpo, priorizando tus actividades y, lo más importante, no culpándote de lo que te pasa.

Leyéndolo parece sencillo, pero no lo es. Las limitaciones las vamos conociendo a medida que nos vamos encontrando en situaciones en las que el dolor o la fatiga nos impiden realizar determinadas actividades. Aprendemos a escuchar nuestro cuerpo cuando lo llevamos al límite y nos avisa aumentando la intensidad de los síntomas.

Quizá aprender a priorizar las actividades diarias sea lo más complicado, ya que estábamos acostumbradas a hacer mucho más de lo que podemos ahora. Cuando tenemos un día bueno

—llevadero, porque no hay días buenos— nos alegramos tanto que nos motivamos a hacer más cosas de lo habitual, aun sabiendo de antemano que al día siguiente estaremos peor.

Lo más difícil de la fibromialgia es gestionar los sentimientos de culpa, enojo, frustración e impotencia; es algo que no podemos evitar sentir, pero sí aprender a manejarlos, siendo más compasivas con nosotras mismas, porque la culpa es de la enfermedad, no es ni mía ni tuya.

Cada enfermo es diferente. Hay síntomas que se manifiestan más en un paciente que en otro, pero también depende del grado de afectación de la fibromialgia y si va acompañada de otras enfermedades crónicas o autoinmunes.

Los síntomas más comunes son: dolor musculoesquelético generalizado, parestesia y entumecimiento, costocondritis —dolor y punzadas en el costado debajo de las costillas—, dolor de cabeza, opresión en el pecho, taquicardias, fatiga, cansancio, agotamiento, debilidad, falta de energía y aliento, irritabilidad, desánimo, trastornos del sueño, como insomnio, problemas para conciliar el sueño o dormir a intervalos; intolerancia al estrés, incapacidad para regresar a un estado de reposo razonable tras un acontecimiento que altera los ritmos normales del organismo, hipersensibilidad, como intolerancia al ruido y a la luz estridentes o a los olores; problemas cognitivos, como lapsus del lenguaje, dificultad para concentrarse, confusión mental o desorientación; anquilosamiento y rigidez matutina, disfunción de la articulación temporomandibular y síndrome de las piernas inquietas.

Una crisis o brote de fibromialgia es un aumento temporal en la intensidad o el número de síntomas asociados a la enfermedad. En mi caso, un brote de fibromialgia empieza con dolor de cabeza o migraña, seguido de sensibilidad a la luz y a los sonidos, dolor, entumecimiento, ardor y pinchazos en manos y pies y, para terminar, con un episodio de colon irritable y fatiga extrema.

Puede durar días o semanas, es algo que no puedo predecir. A veces en medio de una crisis hay un día que estoy mejor y pienso que ya acabó, pero no; al día siguiente sigo igual y con los mismos síntomas. Cuando las crisis se alargan en el tiempo agotan física y psicológicamente, cuesta muchísimo recuperarse, sientes que estás en crisis permanentemente y que no mejorarás nunca.

Con el tiempo he notado que mis brotes son menos agudos pero más seguidos. En un mes puedo tener dos brotes y solamente tres o cuatro días de tregua entre ellos.

El sobreesfuerzo, el estrés, el cambio de temperatura, un disgusto, no dormir en condiciones o un simple resfriado pueden provocarme un brote de fibromialgia o empeorarlo. Algo que he notado últimamente es que una noticia agradable también me provoca sobreexcitación y necesito unas horas para volver a mi estado normal.

Es agotador vivir así, nadie entiende lo que te pasa, a veces ni siquiera tú misma, y a ojos de los demás puedes parecer una neurótica o una exagerada. La incomprensión, la impotencia y la frustración se instalan en tu vida al igual que lo hizo la fibromialgia.

Lo peor de la fibromialgia no es el dolor, la fatiga, el insomnio, la depresión, la niebla, la ansiedad... No, lo peor es sentirte atrapada en un cuerpo que no reacciona a lo que deseas, que no puedes hacer nada para cambiar tu situación, que nadie puede hacerlo, ni siquiera los médicos.

He visitado muchos médicos; algunos, cuando he pronunciado la palabra *fibromialgia* la han ignorado hablándome solamente de las otras enfermedades que padezco; otros, sí la han tenido en cuenta, pero sin darle importancia a la hora de tratar mis síntomas.

De todos los médicos que he visitado, solo un reumatólogo y una endocrinóloga coincidieron en que la fibromialgia es la que ha empeorado la mayoría de mis síntomas y limitado más mi calidad de vida.

El reumatólogo además me explicó que la fibromialgia no es una enfermedad psicológica, que el dolor es real y que los pacientes con fibromialgia tenemos una anomalía en la percepción del dolor, de manera que percibimos como dolorosos estímulos que habitualmente no lo son.

Por mi hipersensibilidad a los medicamentos no puedo tomar algunos tratamientos que podrían aliviar mi sintomatología, con lo cual hay días que los dolores me derrotan. Y hablando de hipersensibilidades, otro síntoma de la fibromialgia es la sensibilidad a los cambios de temperatura: el calor me provoca migraña, mareos y fatiga extrema; el frío, dolor, entumecimiento y rigidez, aparte de no conseguir entrar en calor por mucha ropa que me ponga.

La sensibilidad a la luz y la resequedad en los ojos son síntomas de la fibromialgia, pero también del síndrome de Sjögren. Cuando los síntomas de las dos enfermedades se solapan, no puedo ver la televisión ni mirar la pantalla del móvil porque no soporto las luces; me provocan migraña y nerviosismo. También tengo sensibilidad al tacto; un abrazo puede dolerme, pero también un apretón de manos, una prenda ajustada, el lavado del pelo…

Lo que antes era un placer ahora es un tormento. Siempre me ha gustado llevar mi pelo arreglado, con su tinte y corte perfecto. Ahora cada vez que voy a la peluquería es un suplicio: el tinte, el lavado, el corte, el secado… Salgo de allí agotada, dolorida y estresada, pero es algo que no quiero dejar de hacer mientras pueda.

Lo que sí he dejado de ponerme son los zapatos apretados o con tacón y la ropa muy ajustada o de telas sintéticas, que me provocan picor y molestias. En su lugar, he optado por ropa más cómoda y zapatillas deportivas. Los pies me duelen tanto… No hay calzado que me vaya bien. Cuando ando descalza es cuando noto alivio, el contraste del ardor de mis pies con el frío del suelo es lo único que me alivia.

El reloj me pesa y me molesta; los anillos, las pulseras y los colgantes también. Solo los pendientes pequeños tipo aretes es lo único que puedo ponerme.

También está la sensibilidad a los olores; no soporto los perfumes, los ambientadores, los productos de limpieza… Me provocan dolor de cabeza y náuseas. Y los sonidos fuertes me alteran de tal manera que tengo que alejarme de ese lugar porque me da la sensación de que mi cabeza va a explotar. La fibromialgia va limitando tu vida poco a poco, dejando atrás cosas, vivencias y experiencias que en su momento te hacían sentir viva.

Algo tan simple como ir al cine a ver una película se convierte en suplicio. Las luces de la pantalla y el sonido me provocan nerviosismo y dolor de cabeza y llego a casa alterada. Una tarde de compras en un centro comercial, es imposible. La multitud de gente, los ruidos y caminar durante un rato me generan un agotamiento físico y mental que ensombrece lo que podría ser una diversión.

Viajar es otra cosa que no puedo hacer. Un viaje largo, impensable; y uno corto, tampoco. Las veces que lo he hecho llego tan cansada que me impide hacer actividades, y si hago alguna no disfruto del momento por el agotamiento, pero lo peor es que a la vuelta tardo varios días o semanas en recuperarme.

Y me duele en el alma porque mi hijo vive en otra ciudad. Si pudiera viajar lo vería más a menudo. Lo veo cuando él tiene vacaciones y viene a pasar unos días conmigo. Esos días son para mí una bendición, una recarga de energía y cariño que me devuelve la ilusión.

No he dormido bien, me desperté varias veces durante la noche, me levanté contracturada y con la mente emborronada. Hace un día precioso, el sol calienta, la temperatura es alta por la época en la que estamos, pero me duele la cabeza y tengo la sensación de tener fiebre. Me tomé la temperatura, pero no tengo fiebre.

No es la primera vez que siento que mi cuerpo está como si tuviera una gripe: fatigado, dolorido, con escalofríos y sensación de calor en la frente. La fibromialgia tiene síntomas extraños que la mayoría de las veces no tienen una explicación, pero que son muy molestos.

Lo que más rabia me da es que me sienta así en días en que tengo que hacer algo importante o que debo acudir a un evento familiar. ¿Cómo lo haces si lo único que te pide el cuerpo es quedarte tumbada en la cama o en el sofá? Si sucumbes a quedarte en casa no van a mejorar tus síntomas porque suelen durar como mínimo un par de días, y si vas, lo pasas mal porque no estás bien, además de hacer el esfuerzo de intentar disimular tu malestar.

Es complicado. A lo largo de estos años conviviendo con la fibromialgia he cancelado planes, citas médicas y reuniones familiares, y me he sentido peor anímicamente.

Si era una cita médica, tenía que volver a pedir hora y esperar un tiempo para que me visitase la doctora. La angustia que me produce la visita médica se alargaba más en el tiempo, así que decidí no cancelar ninguna más.

Al igual que las gestiones que no puedes eludir, porque si lo haces, pierdes cosas que te pueden beneficiar. Como tampoco las celebraciones familiares, que aunque no puedo celebrar dos o tres días seguidos, intento buscar, con ayuda de los míos, un equilibrio para que pueda disfrutarlas y no dejar de hacerlas aun sintiéndome mal.

Primero, porque no me quiero perder esos momentos en familia tan importantes para mí y para ellos; y segundo, porque no vivirlos hace que me sienta más frustrada aún de lo que ya me siento por las limitaciones de mis enfermedades, en este caso, la fibromialgia/fatiga crónica, que es la que más me limita.

La incomprensión es muy dolorosa cuando viene por parte de tu entorno más cercano. Por eso hay que hablarlo e intentar poner de nuestra parte para que comprendan nuestra situación.

Para ellos tiene que ser difícil asumir que no podemos hacer lo mismo que antes. Al principio puede resultar complicado, pero con el tiempo se puede llegar a un entendimiento que nos ayuda muchísimo emocionalmente a sobrellevar la enfermedad.

Cuando la incomprensión viene de los demás, incluidos los profesionales médicos, tenemos la opción de alejarnos de esas personas, y también la de buscar otros médicos familiarizados con la fibromialgia. En cambio, el sentimiento de frustración por no poder hacer las cosas que desearías es algo que no puedes dejar de sentir nunca.

El otro día decía que la frustración es uno de los peores sentimientos, sí, lo es, junto con la soledad. Soledad que sientes en los momentos de crisis cuando estás a solas contigo misma porque los síntomas te impiden a veces expresarte con palabras.

Soledad que sientes cuando vas al médico, cuando tienes que enfrentarte a un nuevo diagnóstico, o cuando los demás están disfrutando de una celebración y tú estás ahí, aguantando tu dolor o fatiga y disimulando con sonrisas forzadas. Por no hablar de la impotencia de no recibir una medicación que pueda ayudarte, no porque el profesional médico no quiera dártela, sino porque no la hay. La desesperanza que te provoca la vives tú sola.

Hay dos clases de soledades: una impuesta y otra escogida, y las dos son igual de dolorosas.

La soledad impuesta es la que sentimos al principio del diagnóstico, cuando no conseguimos que los demás nos comprendan, cuando vemos que algunas amistades se alejan de nosotras por no poder seguir su ritmo, cuando perdemos el trabajo por no poder cumplir con los horarios y nos sentimos juzgadas y, a veces, humilladas; cuando la familia es incapaz de darte apoyo emocional y sientes esa sensación terrible de pérdida de tu lugar en la vida.

La soledad escogida es cuando decides alejarte de las cosas y personas que desestabilizan tu equilibrio emocional y que te quitan la poca energía que tienes y necesitas para manejar tu día a día.

Pero no es escogida libremente. Te ves obligada a ella y, por eso, es igual de dolorosa o más. Tienes que aprender a gestionar tus emociones, priorizar tus necesidades, cuidarte, aprender a vivir en soledad… Es complicado cuando no lo deseas.

Durante muchos años sentí una profunda soledad por la falta de comprensión y apoyo emocional. Mi única preocupación era que los demás entendieran lo que estaba viviendo, y tardé mucho tiempo en comprender que eso no iba a pasar. Aceptar mi realidad me costó muchas lágrimas y momentos de desesperación.

Con el tiempo he ido aceptando las cosas que me ayudan a sobrellevar la enfermedad y descartar las que no, aunque siempre haya circunstancias en la vida que me recuerdan mis limitaciones, y eso sigue doliendo mucho.

Y sigues con tu vida, arrastrando dolores, fatiga y pérdidas; cayendo y levantándote una y otra vez, aunque tus días sean difíciles de sobrellevar. Tienes bajones, muchísimos, sobre todo cuando sales de tu zona de confort —tu casa, tu refugio— para ir a las citas médicas, a reuniones familiares, a cumplir con obligaciones y responsabilidades que no puedes eludir. Es ahí cuando te das de bruces con tu realidad.

Las citas médicas te agotan; te da pánico sumar otro diagnóstico o que el médico no empatice contigo. Recuerdo la última visita con la traumatóloga. Mis dolores de espalda y cervicales habían empeorado. Me hicieron una analítica, radiografías y una prueba de densitometría. A la artrosis que ya padecía le tenía que sumar otro diagnóstico: osteoporosis. No me lo esperaba, me quedé bloqueada, apenas podía hablar. Cada diagnóstico que sumas crea más incertidumbre a tu vida.

Las reuniones familiares, que tan feliz te han hecho siempre, ahora te abruman porque no te sientes bien. Aunque intentes sonreír, te duele el cuerpo, la mente se dispersa y te das cuenta de que no eres la misma de antes, lo pasas mal y no consigues disfrutar del momento, de esa felicidad que en el fondo necesitas como el aire que respiras.

Las obligaciones y responsabilidades también te estresan porque tu memoria y concentración te fallan, y desconfías de tu capacidad para llevarlas a cabo.

La mayoría de las veces lo consigues con mucho esfuerzo, pero te pasa factura después. Aparece un brote de dolor o fatiga porque te cansaste, te estresaste demasiado, te deprimes…

La mayoría de las personas con fibromialgia tienen depresión por la condición que padecen. Cualquier persona que tenga que convivir con este vaivén de síntomas estaría deprimida.

Cuando me la diagnosticaron, busqué información sobre esta enfermedad y los síndromes que se asocian a ella, y también leí páginas en Internet que hablan de la fibromialgia/fatiga crónica. De toda la información que fui leyendo, alguna me ayudó porque vi reflejada en ella mis síntomas, en otras no. Cada paciente es diferente; depende mucho de la afectación y de las enfermedades que acompañen a la fibromialgia.

Yo no considero la fibromialgia como mi compañera, término que utilizan algunas personas, ni puedo ser optimista. Lo fui al principio del diagnóstico, creí que haciendo esto o aquello mejoraría, busqué soluciones y alternativas como lo he hecho toda mi vida desde que me diagnosticaron mis otras enfermedades, pero con el paso del tiempo vas perdiendo las ganas, la fuerza y la motivación. Te das cuenta de que la mejoría es puntual, que siempre acabas volviendo al punto de partida, que los síntomas siguen y se van sumando otros.

La fibromialgia nunca va a ser mi compañera. Es una enfermedad y punto, que me ha arrebatado las cosas que más quería. Aprender del dolor es otra de las cosas que he leído por ahí, pero yo no he aprendido nada. Tanto tiempo conviviendo con él me ha endurecido el carácter, he perdido parte de mi esencia. Yo era una persona cariñosa, dulce, positiva, un poco ingenua, con la capacidad de soñar despierta; me gustaba mi forma de ser y ahora no queda apenas nada de esa persona. Otra cosa es la actitud, que no cambia lo enferma que estás, pero te ayuda a llevar las cosas de manera que no pierdas el control.

También es importante ser consciente de tu realidad: asumir que habrá días en que los síntomas te machaquen tanto que desearás acabar con todo para no sentir más dolor y días en que estarás tan cansada de vivir así que sentirás que no te quedan fuerzas para seguir. Son momentos muy difíciles de sobrellevar, te desesperas y no encuentras consuelo en nada.

Pero también hay días que son más llevaderos, que puedes hacer cosas que pensaste que ya no harías más, y te dan un chute de felicidad y esperanza para seguir adelante.

Fortaleza, *valentía* y *coraje* son palabras motivadoras que utilizamos a menudo para darnos ánimos cuando pasamos por una crisis, pero en el fondo ni somos tan fuertes ni tan valientes; nos vemos obligadas a serlo y a plantarle cara a la enfermedad porque no nos queda otra opción, y te agarras a ella como si tu vida dependería de ello, porque esa fuerza que vamos rescatando día a día también nos va minando física y mentalmente.

Lo más triste y doloroso de esta enfermedad es el sentimiento de que no te tomen en serio y tener que probar lo enferma que estás.

La fibromialgia sigue siendo una enfermedad invisible para la mayoría de personas y también para una gran parte del colectivo médico. Es tan injusto que después de ser reconocida por la OMS en el año 1992 no haya un tratamiento específico ni avances en la investigación sobre las causas que pueden desencadenar la enfermedad.

Los pacientes con fibromialgia nos sentimos abandonados a nuestra suerte, sin tener a nuestro alcance profesionales médicos formados para ayudarnos a conseguir una mejor calidad de vida, lo que nos provoca más dolor e incertidumbre de los que ya tenemos al convivir con la fibromialgia/fatiga crónica.

Desde que me diagnosticaron la fibromialgia/fatiga crónica, los síntomas han ido variando en intensidad o en temporalidad. Durante unos años el verano era insufrible: la fatiga, la niebla mental, las migrañas, los mareos y el insomnio me derrotaban. Sin embargo, el dolor lo llevaba mejor.

En este último año está siendo el clima frío el que me está derrotando: dolor agudo, fatiga, insomnio, niebla mental, mareos y depresión. Es agotador lidiar cada día con tu estado anímico, es lo que más me preocupa de todos los síntomas de la fibromialgia.

Esta mañana me llamó mi hija, que tenía fiesta del trabajo para ir de compras. Había dormido mal, estaba dolorida y fatigada, pero yo no me pierdo ninguno de los momentos que puedo pasar con mis hijos. Además, el día amaneció soleado. Pasé una mañana preciosa con mi hija, me sentía feliz y con ánimo, caminamos bastante y yo me sentía pletórica. Era como volver a sentir esa energía de antaño y revivir, por un ratito, las cosas que hacías a menudo y que te hacían feliz, que daban sentido a tu vida.

Estuvimos probándonos ropa para las fiestas de Navidad y lo disfruté. Me veía guapa allí en el probador; supongo que la compañía de mi hija tiene mucho que ver, porque cuando llego a casa y me lo pruebo ya no me veo tan bien. De hecho, mi forma de vestir no tiene nada que ver con la de antes de padecer fibromialgia.

Y hablando de fiestas navideñas, me encantaba cocinar para todos, pero últimamente ya no puedo sin ayuda. Prefiero ir de invitada porque acabo agotada física y mentalmente y no disfruto del momento. Es inevitable que en circunstancias así aparezcan los sentimientos de impotencia y frustración.

Los días que hago algo fuera de lo normal, por la tarde ya no doy para más. La energía de la que disponemos es mínima. Después de tres o cuatro horas, todo lo que hagas es un sobreesfuerzo para ti.

Al principio de la enfermedad me agobiaba mucho por tener que dejar de hacer algunas tareas en casa, pero con el tiempo aprendí a no torturarme por ello. Mañana, pasado o no sé cuándo, seguiré escribiendo y releyendo lo que tengo escrito.

Una de las cosas que más disfruto es el café de la mañana mientras mi mente se va despertando y mi cuerpo empieza a funcionar. Es en estos momentos cuando me doy cuenta de cómo va a ser mi día y, dependiendo de cómo me encuentre, sé lo que podré hacer y lo que no.

Antes me envolvía de tristeza al sentir que mi día iba a ser uno de esos días en que las horas pasan y no alcanzo a lo que debería hacer. Ahora sigo sintiendo ese halo de tristeza, pero intento hacer algunas de las cosas que me programo cada día y después me olvido de las demás.

Mi gato, que siempre me acompaña, me mira con recelo, se ha acostumbrado a mis improvisaciones. Mañana tengo hora en la peluquería y la verdad es que preferiría no ir. Cada vez me cuesta más: el tinte, el lavado y el secado me fatigan y me agobian a veces, pero quiero ir. Se acerca la Navidad y quiero verme bien; es un decir porque desde el diagnóstico de la fibromialgia no me veo guapa con ningún color ni corte.

Ir a la peluquería es una necesidad porque no puedo teñirme en casa ni secarme el pelo por el dolor de brazos y hombros. Cuando me lo lavo yo, dejo que se seque solo. Tengo unas planchas del pelo pequeñas y lo único que hago es pasármelas por el flequillo.

No solo es la fatiga y el agobio del día de la peluquería, hay veces que a los dos días de haber ido me da dolor de cabeza y creo que es por la forma de lavarlo o por el tinte, no sé. De todas formas, de momento no me veo dejándome el pelo sin teñir.

Una cosa que sí hago desde hace mucho tiempo es la pedicura cada mes porque noto mis pies más livianos para caminar y, últimamente, otra cosa que me ayuda muchísimo es un masaje circulatorio. Antes iba al fisioterapeuta, pero no encontraba mejoría para la sensación de entumecimiento; sin embargo, con el masaje sí.

A medida que voy escribiendo incluyo párrafos que ya tenía escritos de hace tiempo, cuando empecé a escribir el libro. Los releo y siento que en ese momento mis sentimientos estaban condensados, que salían sin permiso de mi corazón, sin razonamientos, pero me gusta que sea así.

Le pregunto a Mishu, mi gato, si cree que van a entender algo los lectores. Él me mira con esos ojitos tan tiernos y no sé si me está diciendo que sí o que estoy un poca loca escribiendo estas cosas.

Cada vez que tengo una cita médica no consigo conciliar el sueño. No importa si es por unos resultados de una prueba, una analítica o, simplemente, un control, como es el caso de hoy. Este año he vuelto a tomar antidepresivos porque mi estado anímico ha empeorado. Los primeros que me recetaron no me sentaron bien y me los cambiaron por otros con una dosis muy suave. Ahora, después de un mes, he vuelto para ver cómo me han ido.

Mi doctora de cabecera es muy humana, sabe escuchar y busca soluciones siempre que estén en su mano. Le tengo mucho aprecio, siento que comprende mi situación y eso me da confianza. Me ha subido la dosis y tengo control dentro de un mes.

También me derivó al psicólogo el año pasado. Cuando mi ánimo empezó a decaer fue él quien le pasó un informe a mi doctora para que me recetara los antidepresivos.

Llevo con enfermedades crónicas diagnosticadas desde los 30 años, así que mi recorrido con los médicos es amplio. He pasado por muchas situaciones de incomprensión y desamparo y, en algunos casos, me he sentido humillada, pero nunca me he conformado. Busqué otros médicos y, al final, tengo algunos profesionales médicos que me apoyan y que intentan ayudarme con mis enfermedades.

Es muy importante tener ese punto de apoyo, donde puedes acudir cuando tienes un nuevo síntoma, cuando tu estado anímico está por los suelos. En definitiva, cuando no puedes con tu vida.

Durante el tiempo de la pandemia quedamos tan desprotegidos… Nuestros síntomas empeoraron y algunos se cronificaron. Pasamos por mucho estrés debido al pánico a contagiarnos del virus, la cancelación de las citas médicas y la tardanza en recuperar los controles.

Recuerdo perfectamente esos días. El primer año de pandemia estuve sola en casa sin poder ver ni a mis hijos ni a mis nietos, y sin poder salir a comprar por miedo a contagiarme. No saber qué es lo que iba a pasar fue realmente triste y angustiante, y dejé de ver las noticias porque me ponía peor, pero no sé si fue la tensión que me provocaba todo lo que estaba pasando, que lo llevé con más fuerza y entereza.

El segundo año fue cuando me di cuenta de que mis síntomas habían empeorado. Me sentía más vulnerable y, cada vez que había un rebrote del virus, volvía el pánico.

Las citas presenciales tardaron en llegar, al igual que los controles médicos de mis enfermedades autoinmunes. Fue algo que psicológicamente nos afectó a todos y de lo que no nos hemos recuperado aún. La pandemia y un problema que tuve con unos implantes dentales, que me dejaron la articulación temporomandibular tocada, me dejaron sin fuerza y sin ánimo. Desde entonces no consigo remontar. Las situaciones prolongadas de estrés son el peor enemigo de la fibromialgia/fatiga crónica.

Aprovecho un ratito de descanso para escribir. Son pequeños parones que voy haciendo mientras intento dejar mi cocina limpia y ordenada. No siempre consigo acabar de limpiar completamente, sea la cocina, el baño, el salón o las habitaciones. Lo hago cada día un poco si mi dolor o fatiga me lo permiten, con lo cual nunca tengo mi casa como yo querría.

Me ha costado muchísimo aceptarlo y no mirar más allá de lo que mis ojos quieren ver. La primera vez que la reumatóloga me aconsejó que dejara de angustiarme por esta situación, me alegré.

Desde que me diagnosticaron mis enfermedades autoinmunes, la limpieza de la casa era lo que más dolor y fatiga me ocasionaban, pero tenía que hacerlo. ¿Quién iba a entender la situación? Nadie, al contrario. ¿Qué pensarían mi familia, mi esposo y mis hijos? Sí, es lo que te imaginas. Son situaciones que te hacen sentir terriblemente mal, inferior a los demás y vulnerable a los reproches y las críticas.

Vivo sola desde hace muchos años. No es que yo lo decidiera, pero las circunstancias me llevaron a ello. Después de separarme de mi exmarido, intenté por dos veces rehacer mi vida, pero no lo conseguí por varias razones, y una de ellas era por mi salud.

Aunque mi vida no estaba tan limitada como ahora, sí que lo estaba: tenía dolores articulares, cansancio, bajones, controles médicos constantes y ansiedad, que me ha acompañado durante casi toda mi vida.

¿Cómo iban a comprenderme, apoyarme y cuidarme? Tenía muy claro lo que yo podía dar y lo que no, y no quería sentirme más desdichada de lo que ya me sentía, además estaban mis hijos.

Descarté la convivencia en pareja, pero no la de una relación afectiva, la de compartir momentos y actividades sin vivir juntos.

Desde el diagnóstico de la fibromialgia, me di cuenta de que la soledad era lo mejor para mi estabilidad emocional, el dolor y la fatiga. Los síntomas que acompañan a la enfermedad te impiden mantener una relación afectiva, no solamente porque hay días en los que no tienes ganas de salir, sino porque las relaciones sexuales te causan fatiga y dolor. Es algo de lo que no se habla, pero pasa. Las relaciones se rompen porque la otra persona no entiende, no comprende, no acepta… y es lógico.

La enfermedad es tan cruel que te lo quita todo; todo aquello que una persona necesita para sentirse realizada como tal. Voy a seguir con mi cocina. Llegados a este punto me estoy poniendo triste y no quiero.

Ayer me levanté con algo de energía. Había dormido bien después de varios días de dormir mal porque el dolor de cervicales y mandíbula me lo impedían. Desde que me pusieron unos implantes dentales tengo más dolores en esta zona que antes, y lo que más me duele es que no me dan ninguna razón ni solución.

Tuve cita con un dentista, uno más; y salí igual de decepcionada que con los demás. A veces extraño la época en que me diagnosticaron mis enfermedades autoinmunes porque los médicos te daban soluciones, te hacían pruebas hasta dar con lo que era. Ahora, salvo algunos, te dejan totalmente anonadada con sus planteamientos y con la falta de empatía.

Bueno, a lo que iba: salí de la consulta triste, decepcionada y muy enfadada; necesitaba liberar esa tensión y esa rabia y me fui a ver el mar. Es así como recupero mi calma. El aire, el olor a mar, el azul intenso del agua, las olas acercándose a la arena, el sol de invierno que calienta pero no quema… En ese momento todo se disipa y respiro felicidad.

Llegué a casa motivada. Cuando terminé de comer, vi una película y la disfruté porque no perdí el hilo del argumento. Después me vine arriba y puse música, canciones de la época en que salía con mis amigas, y bailé. Por un instante volví a ser esa persona que tanto añoro.

Pero a la hora de acostarme estaba desvelada, no podía conciliar el sueño, mi mente sobreexcitada no conseguía relajarse… Dormí fatal, despertándome cada dos horas, intentando volver a dormirme hasta que tuve que levantarme de la ansiedad que cogí.

Y aquí estoy, escribiendo con las persianas casi cerradas, con poca luz porque me duele la cabeza y me molestan la luz y los ruidos. Toda esa alegría que sentía ayer se esfumó como si no hubiera existido.

Las manos y los pies me duelen, es como si estuvieran hinchados sin estarlo. También tengo insomnio, dolor de cabeza, manos y pies; y fatiga. Son síntoma que indican que un brote de fibromialgia podría estar cerca… o no.

Estos últimos años la fibromialgia me tiene confundida. A veces tengo estos síntomas y se quedan así, sin aumentar la intensidad durante algunos días o incluso semanas. Otras veces, de repente, los dolores o la fatiga son muy agudos sin haber dado señales de que un brote podría aparecer.

Los primeros años del diagnóstico, las crisis empezaban con insomnio, dolor de manos y pies, migrañas… aumentando de intensidad durante unos días hasta disminuir y dejarme con una fatiga extrema. A continuación, llegaban unos días de tregua.

Los veranos eran terribles: insomnio, fatiga, niebla mental, mareos, migrañas… Sin embargo, este último en que las temperaturas han sido más altas de lo normal no he tenido estos síntomas tan agudos, solo mi estado anímico bajoneado.

En cambio, llega el frío y la humedad y, a diferencia de otros inviernos, el dolor, el insomnio y la fatiga me están derrotando. Es de locos. Yo que creía que tenía más o menos controlados los síntomas por estaciones y por circunstancias, va y la fibromialgia me confunde otra vez. Lo que sí tengo claro es que con los años los días de tregua son cada vez menos y los brotes menos agudos pero más seguidos.

De todos los síntomas que padezco, el insomnio y los episodios depresivos son los que más me preocupan. No poder dormir bien me provoca más ansiedad, fatiga, dolor, niebla mental, migraña y repercute en mi estado anímico.

También me preocupan el dolor en las manos y la pérdida de fuerza, porque me cuesta sostener un libro, abrir un bote, escribir... Me da miedo que llegue un día en que no pueda hacer nada con ellas. Por otro lado, me siento satisfecha por haber podido escribir estas últimas semanas.

Escribir me ha ayudado a reconciliarme conmigo misma, a darme cuenta de que con el tiempo he aprendido a manejar mejor mis circunstancias.

Si de algo me siento orgullosa es de haber cumplido mi compromiso de escribir el libro. Es un reto ganado que me da mucha fuerza para seguir adelante y manejar una vida de altibajos continuos, impredecibles, y para siempre. Este es uno de los retos al que nos enfrentamos los pacientes con fibromialgia/fatiga crónica. No es fácil; de hecho, es muy duro y doloroso. Solo el tiempo, las recaídas y las veces que conseguimos superarlas nos enseñan a sobrellevarlo.

Llegar hasta aquí ha sido emocionalmente durísimo, no hay palabras suficientes para describirlo. Con el tiempo y trabajando mucho mis emociones, conseguí hacer un pacto conmigo misma: no culparme, no exigirme, perdonarme, valorarme y sentirme orgullosa de las cosas que consigo hacer cada día.

La fibromialgia me ha enseñado a no callar. Ya callé bastante por miedo a perder el trabajo, las amistades, las parejas… Me tragué mi dolor, mi impotencia, mi frustración y mis lágrimas.

La fibromialgia me ha enseñado a vencer el miedo, porque tuve pánico a los síntomas y a no poder seguir con mi vida.

La fibromialgia me ha enseñado a enfrentar la enfermedad cara a cara. Ya hui de mi realidad demasiado tiempo disfrazando con sonrisas mi condición y mi vulnerabilidad.

La fibromialgia me ha enseñado a luchar, porque esperé, durante demasiado tiempo, ayuda, empatía y comprensión.

La fibromialgia me ha enseñado a ser valiente. Ya fui cobarde encerrándome en mí misma, dejando que los demás decidieran por mí.

La fibromialgia me ha enseñado a sobrevivir cuando fui perdiendo las cosas que me hacían feliz, cuando mi vida se desmoronó.

La fibromialgia me ha enseñado que siempre habrá una mano amiga que esté dispuesta a ayudarte, que aunque mi vida no es la que yo deseaba, merece la pena vivirla y pelearla hasta el final porque es la única que tengo.

Queda mucho en el tintero, queda mucho por vivir, la vida continúa y nosotros con ella. Este no es un libro al uso, es simplemente una historia, la mía, que también podría ser la tuya si convives con la fibromialgia/fatiga crónica. Está escrito desde el corazón, para dar voz a todas las personas que desde el anonimato sufrimos y padecemos la invisibilidad de esta enfermedad.

Gracias a todas las personas que creyeron en mí y especialmente a los seguidores de mi página de Facebook «Blog de fibromialgia», que me dieron la fuerza y la motivación para escribir este libro.